PAPYRUS BODMER VI

LIVRE DES PROVERBES

CORPUS
SCRIPTORUM CHRISTIANORUM ORIENTALIUM

EDITUM CONSILIO

UNIVERSITATIS CATHOLICAE AMERICAE
ET UNIVERSITATIS CATHOLICAE LOVANIENSIS

VOL. 195

SCRIPTORES COPTICI

TOME 28

PAPYRUS BODMER VI

LIVRE DES PROVERBES

TRADUIT

PAR

RODOLPHE KASSER

Secrétariat général du CorpusSCO
49, Chaussée de Wavre
Louvain
1960

INTRODUCTION

Voici la traduction du Papyrus Bodmer VI (P), dont nous avons publié le texte au tome 194 du CSCO, grâce à la bienveillance de M. Martin BODMER (Genève). Ce codex de parchemin contient, avec cinq lacunes, résultant chacune de la perte d'un folio, le texte du livre biblique des Proverbes, 1, *1* à 21, *4* (premier stique seulement); pour des motifs que nous ignorons, le copiste laisse ensuite en blanc le reste de la page et plusieurs folios.

L'intérêt exceptionnel de P provient notamment de son âge, de son alphabet, de son orthographe et de sa langue. Son *âge* : le codex pourrait être daté du IVᵉ ou du Vᵉ siècle; son *alphabet* présente des analogies avec celui des textes vieux-coptes, comprenant toutes les lettres sahidiques, excepté 6 remplacé par K, et s'adjoignant, de plus, non seulement le ϧ bohaïrique, mais encore quatre signes démotiques; son *orthographe*, capricieuse et bizarre, se distingue en particulier par de fréquents redoublements de consonnes et de voyelles; sa *langue*, enfin, est un mélange fait surtout de sahidique et d'akhmîmique, avec quelques termes de Basse-Égypte, quelques mots nouveaux, et des archaïsmes. L'introduction au texte a décrit et analysé ces divers phénomènes, en signalant à la critique les problèmes qu'ils soulèvent. Le lecteur voudra bien s'y reporter. Notre propos ne peut être ici que de présenter notre version du Papyrus Bodmer VI.

Aucun des éditeurs des diverses recensions coptes du livre des *Proverbes* n'a jugé nécessaire de rendre aux non-coptisants, et même aux coptisants, le service de leur en fournir une version; on peut le regretter, le grec de la Septante ne pouvant passer pour l'équivalent exact d'aucun de ces textes. Pour nous, nous avons estimé indispensable de faciliter l'accès au Papyrus Bodmer VI par une version. Pour en avoir fait l'essai qu'on va lire, nous nous dissimulons moins que personne les difficultés, voire les risques, de l'entreprise. Faut-il rappeler que l'hébreu et le grec des *Proverbes*,

pour ne rien dire de la Vulgate et de la Peshitto, sont loin d'offrir
en tous endroits un texte et un sens parallèles ? Rien d'étonnant,
par conséquent, que P ait pu suivre, à l'occasion, des voies propres,
et que ses sentences ne soient pas toujours exactement conformes
à celles du grec, ni même à celles des recensions coptes A et S,
qui en sont proches. Surtout, le problème du sens que le traducteur
copte a pu attacher à tel verset se compliquait pour nous des
diverses difficultés de langue et d'orthographe qui paraissent dans
la copie P; il est clair, par ailleurs, que, en tels versets où le sens
du grec est mal définissable, le traducteur copte s'est borné à
calquer sa version sur le grec. Aussi aurions-nous souhaité nous
aussi, en mainte passages, δέξασθαι στρόφας λόγων, ce don précieux
que l'auteur des *Proverbes* (**1**, *3*) ambitionnait pour son fils...

Notre but, en traduisant P, a été d'aider le lecteur à aborder,
pour son compte, et de première main, le texte que nous avons
édité. Dans la mesure où la diversité des moyens d'expression du
copte et du français ne s'y opposait pas absolument, la traduction
devait donc être littérale, voire matérielle, par exemple en respectant
l'ordre des mots. Dans certains cas désespérés, là où P nous
paraissait fautif ou dénué d'un sens acceptable, nous avons traduit
en nous inspirant des autres témoins coptes, et du grec; nous le
signalons en employant l'italique dans le texte, et nous donnons
éventuellement en note le sens de P et l'explication vraisemblable
de son erreur. Précisons que, dans notre esprit, ces leçons étrangères
à P n'ont que la valeur d'une conjecture plausible, qui offre
l'avantage de donner un sens au texte; leur admission laisse entier
le problème de la teneur originelle de P et de ses rapports avec
les autres témoins. Il était désirable de rendre partout le même mot
copte par le même équivalent français; la crainte d'égarer le lecteur
sur le sens nous a engagé, en certains endroits, à nous départir
de ce principe, de sorte que certains jeux de mots de l'original
sont absents de notre version; c'est pourquoi le contrôle de la
traduction ne pourra se faire utilement qu'en consultant l'appareil
critique, et les index; il en va de même des notes, que nous avons
voulues délibérément sommaires. Les mots grecs naturalisés
coptes employés par P figurent entre parenthèses, à la suite du
terme français qui les traduit; la particule δέ, régulièrement
indiquée, n'a pas été traduite.

Notre version sera, nous le voudrions, un instrument de travail
qui permettra aux philologues et aux biblistes l'étude personnelle

d'un texte qui a de quoi piquer bien des curiosités, et ouvre des perspectives nouvelles. Ils en excuseront les défauts, nous l'espérons, en considérant l'aide qu'elle a voulu leur apporter.

Comme ils l'ont fait pour l'établissement du texte copte, les Professeurs L. Th. LEFORT ([†] 30 sept. 1959) et R. DRAGUET (Louvain) ont longuement travaillé avec nous à la traduction. Nous leur exprimons notre vive gratitude.

Combas-par-Fontanès (Gard)   Pasteur R. KASSER.

ABRÉVIATIONS

A = texte akhmîmique des Proverbes (A. Böhlig, *Der achmimische Proverbientext nach Ms. Berol. orient. oct 987 Teil I · Text und Rekonstruktion der sahidischen Vorlage*. München, 1958).

B = texte bohaïrique des Proverbes (O.H.E. Burmester et E. Dévaud, *Les Proverbes de Salomon*. Texte bohaïrique. Vienne, 1930).

P = Papyrus Bodmer VI.

S = texte sahidique des Proverbes (W.H. Worrell, *The Proverbs of Solomon in Sahidic Coptic, according to the Chicago Manuscript*. Chicago, 1931).

1, 1. Prover[bes (παροιμία) de Salomon], le fils de Da[vid], qui régna en Is[raël]; *2.* pour savoir la sagesse (σοφία) et [l'instruction]; pour comprendre (νοεῖν) les paroles de [l'in]telligence; *3.* pour percevoir le tour [des] paroles; pour comprendre (νοεῖν) la justice (δικαιοσύνη) véritable; et pour rendre droit le jugement; *4.* pour donner [l']intelligence aux [simples], le discernement (αἴσθησις) et [la pensée] à l'adolescent. *5.* Car (γάρ) le sage (σοφός) qui écoutera [cela] deviendra plus sage (σοφός); l'intelligent (δέ) s'acquerra de la gouverne. *6.* Il comprendra (νοεῖν) la parabole (παραβολή) et la parole cachée, [2] [les paroles des sages (σοφός) et] les é[nigmes (αἴνιγμα)]; *7.* [Le commencement (ἀρχή) de la sagesse (σοφία) est] la crainte [de Dieu]; bonne ⟨est⟩ l'intelli[gence] (δέ) pour quiconque [la pra]tiquera. Le commencement (ἀρχή) du dis[cer]nement (αἴσθησις) est la piété envers Dieu; [les im]pies (ἀσεβής) (δέ) mépriseront [la sa]gesse (σοφία) et l'instruction. *8.* Écoute, [mon fils], l'instruction de ton père, [ne délaisse pas] les principes [de ta mère] ! *9.* Car (γάρ) tu recevras une cou[ronne de grâ]ce sur ta tête, et un [col]lier d'or à ton torse. *10.* Mon fils, que les pécheurs ne t'égarent (πλανᾶν) pas ! (οὐδέ) [ne] consens pas, s'ils te pressent, [3] di[sant : *11.* ,,Viens !], associe-toi (κοινωνεῖν) pour [tuer avec nous !], cachons l'homme [juste (δίκαιος)] dans la terre, inique[ment !], *12.* engloutissons-le, vi[vant], comme l'Amenté !, ôtons son souvenir de [la terre !], *13.* acquérons-nous ses biens [mul]tiples !, remplissons [nos maisons de butin !], *14.* jette ton sort (κλῆρος) [avec nous !], qu'une bourse [unique soit] à nous ! '' *15.* Ne va pas [en chemin avec eux]; détourne ton pied [d'eux] [1]. *17.* Car (γάρ) on n'étendra pas le filet pour les oiseaux [2]. *18.* Car (γάρ) eux sont complices (μετέχειν) de sang(s); ils s'amassent des maux; [4] [? ....] pé]ché [3] [? ......]. *19.* [Tels sont les chemins de qui]conque [pèche]; la ruine de l'homme [trans]gresseur (παράνομος) ⟨est⟩ mauvaise; car (γάρ) ils [dé]truiront leur âme (ψυχή) [dans] leur aberration. *20.* [On lou]ange la sagesse (σοφία) dans les rues; [elle a] libre-parler (παρρησία) sur les pla[ces (πλατεῖα): *21.* on la pro]clame [sur les] remparts; elle [dit, coura]geusement, sur [les portes (πύλη)] des villes (πόλις) : *22.* ,,Tous les instants où les simples adhère⟨ro⟩nt à la justice (δικαιοσύνη), [ils] n'auront pas honte; les insensés (δέ) [5] dési[reront (ἐπιθυμεῖν) l'arrogance];

---

[1] Le verset 16 manque.
[2] A S et le grec (ἀδίκως) ajoutent un mot qui donnent un sens à la sentence.
[3] Ou « pécheur »; la reconstitution du texte serait hasardeuse.

ayant [été impies (ἀσεβής)], ils ont haï le discer[nement (αἴσθησις);
23. ils sont devenus l'objet [des admonestations]. Voici, je vous
enverrai la parole de mon souffle (πνοή); je vous enseignerai (δέ)
mes [paroles]. *24.* Puisque (ἐπειδή) je vous ai appelés sans que vous
m'ayez écoutée, que j'ai répandu mes paroles sans que vous leur
ayez prêté votre attention, *25.* mais que (ἀλλά) vous avez [repoussé]
mes conseils, ne [prêtant] pas votre attention à mes admonestations,
26. voilà pourquoi, moi aussi, je me moquerai de votre destruction;
je me réjouirai (δέ) à votre sujet si la destruction {tombe} vient
sur vous, [6] *27.* [? si le bouleversement] vous [? surprend, inopiné],
inopinément, [si la rui]ne vient sur vous [comme] un coup de vent
[ou] si la destruction vient sur vous [et] que la tribulation (θλῖψις)
vous surprenne, [avec] une catastrophe pour vous. *28.* Car (γάρ)
il arrivera que vous appellerez vers moi : je ne vous écouterai pas;
les mauvais me rechercheront : ils ne me trouveront pas. *29.* Car
(γάρ) ils ont haï la sagesse (σοφία), et ils ne se sont pas choisi la
piété envers Dieu; *30.* ils n'ont pas voulu prêter attention à mes
conseils; ils ont fait le pied de nez (δέ) à mes admonestations.
31. C'est pourquoi ils mangeront [7] les fruits (καρπός) [de leur
chemin]; ils seront rassasiés de leur [aberration]. *32.* Parce qu'ils
ont fait, aux [petits], l'iniquité, ils seront tués; ils seront détruits,
les impi[es] (ἀσεβής). *33.* Quant à celui qui m'écoute, il se reposera
dans une paix (εἰρήνη) affermie; il séjournera sans crainte ⟨loin⟩
de tout mal. „

2, *1.* Mon fils, si tu reçois la parole de mon commandement
(ἐντολή), la cachant près de ton cœur, *2.* ton oreille écoutera la
sagesse (σοφία), tu donneras ton attention à la prudence, ⟨et⟩
(que) tu la donne(ra)s (δέ) à ton fils en instruction. *3.* Car (γάρ) s'il
arrive que tu invoques la sagesse (σοφία), que tu appelles [8] [(δέ)
le discernement (αἴσθησις) d']une grande [voix], *4.* [que tu la recher]-
ches (δέ) comme un [trésor, que tu la] fouilles avec empressement,
5. [tu com]prendras (νοεῖν) la piété envers Dieu, [tu trou]veras le
discernement (αἴσθησις) saint. *6.* Car (γάρ) Dieu te donnera la
sagesse (σοφία) sortant de sa bouche, et le discernement (αἴσθησις),
et l'intelligence. *7.* Il amasse du secours (βοήθεια) pour les justes
(δίκαιος), consolidant leurs chemins, *8.* les gardant sur les chemins
de la vérité; il prête attention, lui, aux chemins des *compatissants* [1].

---

[1] Leçon A S; P « insensés » (lapsus).

9. Telle est la manière, de plus, ⟨par⟩ laquelle tu comprendras (νοεῖν) la justice (δικαιοσύνη) et la vérité. [.......

manque un folio

.......] **[9]** [....] s'ils [1] [?...... sur les] bons chemins, ils auraient trouvé les chemins [des] justes (δίκαιος) suaves. *21.* Les bons habiteront sur la terre; les simples (δέ) resteront sur elle; les ⟨hommes⟩ droits habiteront sur la terre; les saints resteront sur elle. *22.* Ils tariront, eux, les impies (ἀσεβής) sur la terre; on exterminera les transgresseurs (παράνομος) sur la terre.

3, *1.* Mon fils, n'oublie pas mes principes; que ton cœur garde mes paroles ! *2.* Afin qu'elles t'ajoutent une longue existence, et des années de vie, et la paix (εἰρήνη). **[10]** *3.* [Que les au]mônes ne te quittent pas, [ni la] foi (πίστις), ni la vérité; [attache-]les (δέ) à ton torse comme de l'or; [ac]quiers-toi (δέ) la grâce, *4.* et une pensée bonne à la face du Seigneur et des hommes. *5.* Aie confiance de tout ton cœur en Dieu; ne t'élève pas au-dessus de ta sagesse (σοφία); *6.* manifeste-la sur tous tes chemins; afin qu'elle rende droit tes chemins, que ton pied ne trébuche pas. *7.* Ne sois pas sensé à tes propres yeux, mais (ἀλλά) aie, au contraire, crainte de Dieu, **[11]** détourne-toi de [tout mal]; *8.* afin que la guérison soit à ton corps (σῶμα), et les bons soins à tes os aussi. *9.* Honore Dieu (θεός) ⟨du fruit⟩ de tes peines véritables, donne-lui les prémices de tes fruits (καρπός) de justice [2] (δικαιοσύνη); *10.* pour que tes greniers (ταμιεῖον) se remplissent de froment, que tes cuves se remplissent de vin. *11.* Mon fils, ne sois pas pusillanime dans l'instruction du Seigneur, ni (οὐδέ) ne défaille, alors qu'on t'admoneste de sa part; *12.* car (γάρ) Dieu instruit **[12]** [celui qu'il] aime; il fouette (μαστιγοῦν) [tout] fils qu'il agrée; car (γάρ) c'est lui qui t'endolorira, et qui te remettra encore sur pied. *13.* Bienheureux l'homme qui a trouvé la sagesse (σοφία), et l'homme qui a trouvé la prudence ! *14.* Car (γάρ) préférable ⟨est⟩ d'œuvrer en elle, plus que des trésors d'or et d'argent; *15.* elle ⟨est⟩ plus précieuse (δέ) que les pierreries véritables; rien de mauvais ne tiendra contre

---

[1] La perte du folio précédent rend scabreuse la reconstitution du texte: les cinq lettres lisibles suggèrent un conditionnel, qui serait d'ailleurs de forme insolite.
[2] Ou bien : « des fruits de ta justice ».

elle; elle se révèle à quiconque s'approche d'elle; aucun vase précieux [13] ne la vaut. *16.* Car (γάρ) [longue] existence, et [années] de vie sont dans sa droite; gloire et richesse dans sa gauche; *16a.* la justice (δικαιοσύνη) sort de sa bouche; elle porte (φορεῖν) (δέ) la loi (νόμος) et la vérité sur sa langue. *17.* Bons chemins sont ses chemins; tous ses sentiers sont en paix (εἰρήνη). *18.* Elle est arbre de vie pour quiconque lui fait confiance; et elle est affermie *sur* [1] ceux qui s'affermissent sur elle, [14] [comme ceux] qui s'affermissent sur [le Seigneur]. *19.* Dieu a établi [les fonda]tions de la terre dans la sagesse (σοφία); [il a] préparé (δέ) les cieux dans son intelligence; *20.* les abîmes (δέ) furent ouverts avec discernement (αἴσθησις), les nuages firent tomber la rosée. *21.* Mon fils, ne te relâche pas; garde mon conseil et ma pensée; *22.* pour que ton âme (ψυχή) vive, que la grâce (χάρις) soit sur ton cou. *22a.* Alors (τότε) la guérison sera à tes chairs (σάρξ), et les bons soins à tes os aussi; *23.* pour que tu marches, en ayant confiance, [15] en paix (εἰρήνη) ⟨dans⟩ tous tes [chemins], et ton pied ne tré[buchera pas]. *24.* Car (γάρ) si tu t'assieds, tu n'auras [pas crainte]; si d'autre part tu dors, tu sommeilleras te reposant. *25.* Tu ne craindras pas, face à une crainte qui survient, ⟨à⟩ l'assaut des impies (ἀσεβής) qui survient; *26.* car (γάρ) Dieu sera sur tous tes chemins, il affermira ton pied pour que tu ne bouges pas. *27.* Ne cesse pas de faire le bien à celui qui est ⟨dans la⟩ disette, ta main ayant ⟨de quoi⟩ secourir (βοηθεῖν); *28.* ne dis pas : ,,Va, reviens, que demain je te donne'', [16] [alors que tu as la force] de faire le bien; car (γάρ) tu ne [sais] pas ce que demain lui-même engendrera. *29.* Ne pense pas du mal pour ton ami qui est hôte chez toi, qui te fait confiance. *30.* Ne cherche pas noise à un homme gratuitement; afin qu'il ne te fasse pas du mal. *31.* Ne t'acquiers pas l'opprobre des hommes mauvais, ni (οὐδέ) ne jalouse leurs chemins; *32.* car (γάρ) impur (ἀκάθαρτος) est *tout transgresseur* [2] (παρανομία) à la face de Dieu; et il n'est pas rassemblé parmi les *justes* [3] (δίκαιος corr. en δικαιοσύνη). *33.* La malédiction de Dieu est [17] dans les maisons des im[pies] (ἀσεβής); on louange (δέ) les ber[cails] des justes (δίκαιος). *34.* Dieu tien[dra] contre les orgueilleux, il donnera (δέ) la grâce aux humili[és]. *35.* Les sages

---

[1] Leçon A S; P « pour ».
[2] Leçon A S, exigée ici aussi par les verbes au masculin.
[3] Leçon de P 1re main; la 2me main, sous l'influence, sans doute, de l'erreur signalée à la note précédente, a transformé « justes » en « justice ».

(σοφός) hériteront (κληρονομεῖν) la gloire; les insensés (δέ) se choisiront un déshonneur suprême.

4, 1. Écoutez, mes fils, l'instruction de votre père; et prêtez votre attention pour savoir la pensée; *2.* car (γάρ) c'est un don (δῶρον) bon que je vous donne; ne délaissez pas mes paroles. *3.* J'ai été ,,fils'' moi-même, écoutant mon père, ma mère m'aimant; *4.* c'étaient eux qui m'enseignaient, **[18]** [disant] : ,,Que notre [parole] s'affermisse dans ton cœur; *5.* [gar]de les commandements (ἐντολή), ne les oublie pas; n'oublie pas la parole de ma bouche; *6.* ne la délaisse pas, ⟨pour⟩ qu'elle t'accueille; aime-la, ⟨pour⟩ qu'elle te garde; ¹ *8.* honore-la, ⟨pour⟩ qu'elle t'accueille; *9.* ⟨pour⟩ qu'elle te donne une couronne de grâce sur ta tête, qu'elle te fortifie par une couronne de délice⟨s⟩ (τρυφή)''. *10.* Écoute, mon fils, accueille mes paroles ⟨adressées⟩ à toi; afin qu'il y ait une abondance de vie qui soit à toi; *11.* car (γάρ) je t'instruis aux chemins de la sagesse (σοφία); je te hisse jusqu'aux chemins droits; **[19]** *12.* car (γάρ) si tu marches, tes [chemins] ne se fermeront pas pour toi; si tu cours (δέ), tu ne peineras [pas]. *13.* Saisis mon instruction, ne la délaisse pas; garde-la ⟨pour⟩ toi pour ⟨le cours de⟩ ton existence. *14.* Ne marche pas sur les chemins des impies (ἀσεβής), ni (οὐδέ) ne jalouse les chemins des pécheurs. *15.* N'entre pas avec eux dans le lieu où ils s'assemblent; détourne-toi, différencie-toi d'eux; *16.* car (γάρ) ils ne sommeillent pas tant qu'ils n'ont pas mal fait; car (γάρ) le sommeil s'éloigne d'eux, et ils ne sommeillent pas; *17.* car (γάρ) eux sont repus de nourritures d'aberration; **[20]** [ils s'enivrent] du vin du pécheur. *18.* [Les chemins] (δέ) des justes (δίκαιος) [il]luminent comme la lumière; car (γάρ) ils marchent, en illuminant, jusqu'à ce que le jour s'achève. *19.* Obscurs (δέ) sont les chemins ² des impies (ἀσεβής), ni (οὐδέ) ils ne connaissent de quelle manière ils trébuchent. *20.* Mon fils, prête ton attention à ma parole; incline ton oreille (δέ) vers mes admonestations; *21.* afin que tes sources (πηγή) ne tarissent pas ⟨pour⟩ toi; garde-les dans ton cœur. *22.* Car (γάρ) elle est vie pour ceux qui s'abreuvent en elle; et elle est guérison du corps (σῶμα). *23.* Par toute garde, garde ton cœur; car (γάρ)

¹ Le verset 7 manque, comme dans A S. grec; la première incise du v. 8 manque également, comme dans S, où le scribe l'a cependant ajoutée dans la marge inférieure, avec renvoi à sa place au v. 8.
² « Chemins » (2ᵐᵉ main), corrigé sur « œuvres » (1ʳᵉ main).

des chemins de vie sortent de cela. *24.* Ote de [**21**] toi la bouche [perverse]; que les lèvres [i]niques s'éloignent de toi. *25.* Que tes yeux regardent vers les ⟨choses⟩ droites, que tes paupières fixent les vérités. *26.* Rends droits les chemins de tes pieds, rends droits tes chemins, *27.* ne t'incline pas à droite, ni (οὐδέ) à gauche, détourne ton pied du mal, *27a.* car (γάρ) Dieu connaît les chemins qui sont à droite; ils sont pervertis, eux, ceux qui sont à gauche; *27b.* c'est lui (δέ) qui rendra [**22**] [droits tes] chemins; il fera [que tes] sentiers soient en paix (εἰρήνη).

5, *1.* Mon fils, prête ton attention à *ma* [1] sagesse (σοφία); incline ton cœur [2] (δέ) vers mes paroles; *2.* pour que tu gardes la pensée; je te déclare le discernement (αἴσθησις) de mes lèvres. *3.* Ne prête pas ton attention (δέ) à une femme mauvaise; car (γάρ) c'est du miel qui est distillé par les lèvres de la femme prostituée [3] (πονηρός corr. en πόρνη); celle-ci, pour (πρός) une heure, donne des douceurs à ton gosier; *4.* après quoi, tu la trouveras plus amère que la vanité, [4] plus acérée qu'une épée [**23**] à deux tranchants. *5.* Car (γάρ), [par] son manque de sens, ses pieds font dévaler ceux qui usent (χρᾶν) d'elle, avec mort pour eux, vers l'Amenté; ses pieds ne sont pas affermis. *6.* Car (γάρ) ses sentiers ne ⟨sont⟩ pas des chemins de vie; ses chemins ⟨sont⟩ tortueux et cachés. *7.* Maintenant, mon fils, écoute-moi, ne repousse pas mes paroles. *8.* Que ton chemin soit loin d'elle; ne t'approche pas des portes de sa maison; *9.* pour que tu ne donnes pas ta vie à d'autres, ton existence aux impitoyables; [**24**] *10.* [pour que] d'autres ne se rassasient pas de ⟨ta⟩ force, [que] ⟨le fruit de⟩ tes peines n'aille pas dans la maison [des] autres; *11.* qu'après, tu t'en repentes dans ta vieillesse, si se décrépissent les chairs (σάρξ) de ton corps (σῶμα); *12.* qu'après quoi, tu dises : ,,Pourquoi ne les affection-nais-je pas, ceux qui m'instruisaient, et mon cœur se détourna-t-il de ceux qui m'admonestaient?''; *13.* que tu dises : ,,Je n'ai pas écouté la voix de celui qui m'instruisait; je n'ai pas incliné mon oreille vers celui qui m'instruisait; *14.* un peu plus (παρά), j'étais entièrement *dans* le mal [5], [**25**] au milieu des assem[blées] et des

---

[1] Leçon des autres témoins; P « la ».
[2] Les autres témoins ont « oreille ».
[3] Correction de « mauvaise ».
[4] A S « plus amère que l'amer », Vulg. *absynthium*.
[5] Leçon A S; P « le mal », « mauvais ».

foules ". *15.* Bois de l'[eau] de tes bassins (ἀγγεῖον) et des *puits* [1] de ta source (πηγή); *16.* que tes eaux ne se déversent pas à l'extérieur de ta source (πηγή); que tes eaux (δέ) *coulent* [2] dans tes places (πλατεῖα); *17.* que ta source (πηγή) soit à toi seul, que personne ne s'y mêle avec toi. *18.* Que ta source (πηγή) d'eau soit à toi seul, que tu te réjouisses (εὐφραίνειν) avec ta femme ⟨que tu as⟩ depuis ton adolescence : *19.* la biche de ton amitié, et le poulain de tes *grâces* [3]; [**26**] [qu'il] parle avec toi; [que] son amitié t'élève; qu'elle te suive à tous instants; car (γάρ) c'est en marchant dans l'amitié de celle-là que tu te multiplieras. *20.* Ne fais pas d'avances à une étrangère, ni (οὐδέ) ne prends ton essor vers les bras de celle qui n'est pas à toi; *21.* car (γάρ) les chemins de l'homme ⟨sont⟩ en face des yeux de Dieu (θεός); il regarde (δέ) sur tous ses chemins. *22.* Les transgressions (παρανομία) pourchassent l'homme; elles éprouvent (ἐτάζειν) [4] chacun par les attaches de ses péchés; *23.* celui-là mourra avec les foules à cause de son ignorance; [**27**] il a été arraché (δέ) de [..... ?].., [5] et il n'a plus été révélé [... ?]; il a été détruit à cause de son manque de sens, et il sera détruit à cause de son manque de sens.

6, *1.* Mon fils, si tu t'engages envers ton ami, tu cautionne{ra}s *ton ennemi* [6]; *2.* une dure embûche pour l'homme sont ses lèvres à lui; elles détruisent les paroles de sa bouche. *3.* Mon fils, fais ce que je t'ordonne, que tu vives, car (γάρ) tu pourrais aller aux mains des mauvais à cause de ton ami. Ne te relâche pas; aiguillonne ton concitoyen [**28**] [envers qui tu] t'es engagé. *4.* [Ne donne pas d'as]soupissement à tes yeux, [ou ⟨de⟩ somno]llence à tes paupières; *5.* pour que tu échappes, comme un chevreuil hors d'un *lacet* [7], ou comme un oiseau hors d'un piège. *6.* Va-t-en vers la fourmi, ô (ὦ) paresseux, jalouse ses chemins, sois plus prudent qu'elle ! *7.* Car (γάρ) celle-là n'a pas de champ, ni (οὐδέ) ⟨quelqu'un⟩ qui la contraint (ἀναγκάζειν), ni (οὐδέ) n'a de seigneur sur elle. *8.* De la manière dont elle prépare sa nourriture l'été, elle multiplie ses réserves pendant la moisson; [**29**] *8a.* ou va vers [l'abeille], vois

---

[1] Leçons A S; P « percements » ?
[2] P « tes eaux ne coulent (marchent) pas ».
[3] P « argent, monnaie » (lapsus par métathèse).
[4] P « éprouvent » paraît difficile pour le sens; A S. grec « lient ».
[5] Texte corrompu, jusqu'à la fin du chapitre.
[6] P « ta parole » (lapsus par confusion de lettres).
[7] P « licorne », (sous l'influence de Ps **21**, **22** ?).

son activi[té] : faisant son œuvre, quelle (ὥς) ⟨est sa⟩ [pru]dence !
8b. elle dont on donne ⟨le fruit⟩ des peines aux rois et aux hommes
pour ⟨leur⟩ repos; elle ⟨est⟩ précieuse (δέ) plus que quiconque,
et on l'affectionne; *8c.* bien que (καίπερ) faible par sa force, elle
a honoré la sagesse (σοφία), elle s'est distinguée. *9.* Jusqu'à quand,
toi, t'étendras-tu, paresseux ? Quand te lèveras-tu (δέ) de l'assou-
pissement ? *10.* Tu sommeilles un moment, tu t'assieds un autre
moment, tu somnoles un autre moment, [**30**] [un autre mo]ment,
ta main est repliée vers toi [1]; *11.* après quoi, la pauvreté t'arrive
comme quelqu'un de mauvais marchant avec toi sur un chemin,
et la disette, comme un bon coureur; *11a.* s'il arrive (δέ) que tu
ne sois pas paresseux, ta moisson vien⟨dra⟩ comme une source
(πηγή); la disette courra ⟨loin⟩ de toi comme un homme mauvais.
12. Un homme insensé et transgresseur (παράνομος) marche sur
des chemins mauvais. *13.* Il fait signe avec son œil, il donne ⟨un⟩
signal avec son pied, [**31**] il instruit par des signes [de doigts].
14. Le cœur pervers [pense] au mal à tous instants; celui ⟨qui est⟩
de cette sorte cause des bouleversements. *15.* Car (γάρ) sa
destruction ⟨lui⟩ vient à l'improviste[2]; ⟨c'est⟩ une *défaite* [3] et un
anéantissement irrémédiables qui viennent sur lui, *16.* parce qu'il
se réjouit de toute œuvre que Dieu hait; il sera anéanti (δέ), à cause
de l'impureté (ἀκαθαρσία) de son âme (ψυχή). Il y a six œuvres
que le Seigneur hait, sept sont en abomination à son âme (ψυχή) :
17. une langue arrogante et un œil inique, des mains versant le
sang juste (δίκαιος), [**32**] *18.* [un] cœur pensant le mal, [des] pieds
se hâtant de faire le mal. *19.* *Un témoin inique* [4] allume des
mensonges; il suscite des querelles mauvaises aux frères. *20.* Mon
fils, garde la loi (νόμος) de ton père, ne délaisse pas les principes
de ta mère. *21.* Attache-les (δέ) à ton âme (ψυχή), fermement;
fais-en un collier à ton cou. *22.* Si tu marches, porte l'instruction
en route avec toi; et qu'elle soit avec toi en tous lieux; si tu dors,
qu'elle te garde; afin que, si tu te lèves, elle parle avec toi. [**33**]
23. [Car (γάρ) c'est] un luminaire, ⟨que⟩ le commandement
(ἐντολή) bon; lumière (δέ) est la loi (νόμος); car (γάρ) l'instruction
corrige les chemins *de la vie* (ἀσεβής) [5]. *24.* Pour qu'elle te garde

---

[1] Litt. « adhère en toi », savoir : « tu te croises les bras ».
[2] P litt. (?) « lui ne se gardant pas »; A S, grec « subitement ». Cfr 13, 23.
[3] Leçon A S; P lapsus par confusion de lettres ?
[4] Leçon A S, P corrompu.
[5] Leçon A S; P « des impies » (lapsus).

d'une femme qui n'est pas à toi, et de la calomnie [(διαβολή) de la langue des étrangers. *25.* Que la beauté d'un désir (ἐπιθυμία) ne te vainque pas; ne sois pas pris à la chasse par ses yeux, ni (οὐδέ) qu'elle ne te pille par ses paupières. *26.* Car (γάρ) le salaire d'une prostituée (πόρνη) atteint la valeur d'une bouchée de pain, alors que (δέ) la femme prend au piège l'âme (ψυχή) des hommes honorables. [34] *27.* [Quelqu']un attachera-t-il des braises [dans] son sein, sans consumer ses vêtements ? *28.* [Ou] quelqu'un marcherait-il sur des braises ardentes, sans consumer ses pieds ? *29.* Ainsi est celui qui entre vers une femme mariée : il ne sera pas saint de péché, ni (οὐδέ) quiconque la touche. *30.* Ce n'est pas étonnant si quelqu'un est pris à voler; car (γάρ) il vole pour rassasier son âme (ψυχή) affamée. *31.* Car (γάρ) si on le prend ⟨sur le fait⟩, il en donnera le septuple, il donnera toute sa fortune (ὑπάρχοντα) pour être sauf. [35] *32.* L'⟨homme⟩ adultère (δέ), à cause de son [manque] de sens, engendrera la des[truc]tion de sa propre âme (ψυχή); *33.* il aura à supporter des douleurs et des insultes; car (γάρ) son opprobre ne sera pas effacée. *34.* Car (γάρ) l'irritation de son mari est remplie de flamme; il ne ⟨l'⟩épargnera pas au jour de la rétribution; *35.* et il ne se réconciliera pas de son inimitié, pour aucun rachat, ni (οὐδέ) ne relâchera ⟨sa colère⟩ par beaucoup de cadeaux (δῶρον).

7, 1. Mon fils, garde mes paroles, cache mes commandements (ἐντολή) près de ton cœur; *1a.* honore Dieu autant que tu le peux, ne crains personne d'autre que lui. *2.* Garde mes commandements (ἐντολή) [36] [et que] tu vives ! [Mets mes] paroles à tes doigts, [comme] des *prunelles d'œil*[1], *3.* écris-les sur la tablette de ton cœur. *4.* Dis à la sagesse (σοφία) qu'elle est ta sœur; et qu'elle est ta compagne, l'intelligence; acquiers-la (δέ) ⟨pour⟩ toi; *5.* pour qu'elle te garde d'une femme qui n'est pas tienne, et qui est mauvaise, quand elle te parle avec des paroles gracieuses; *6.* car (γάρ) elle regarde au dehors dans les rues, à la fenêtre de sa maison. *7.* Le jeune homme insensé qu'elle [37] verra, dépourvu d'[instruction], *8.* marchant près de l'*angle*[2] de la rue de sa maison, *9.* parlant dans l'obscurité du crépuscule, le lieu étant calme (et) crépusculaire, dans l'obscurité : *10.* la femme le rencontre, avec des façons de prostituée (πόρνη), elle qui fait bondir le cœur des

---

[1] Leçon A S; P « rubis véritables » (lapsus probable).
[2] Leçon A S; P lapsus par confusion de lettres ?

adolescents. *11*. Elle est alerte (δέ) et libertine; ses pieds ne restent pas tranquilles dans sa maison. *12*. Car (γάρ) elle passe un temps à tourner au dehors de sa maison; elle passe un temps en chasse à *l'angle* [1] de sa maison, ⟨épiant⟩ qui [38] [marche] sur les places (πλατεῖα). *13*. Après quoi, elle le saisit, elle le baise à la bouche, d'un visage éhonté, elle lui dit : *14*. ,,J'ai ⟨fait⟩ un sacrifice (θυσία) d'apaisement (εἰρηνική) aujourd'hui; *15*. à cause de cela, je suis sortie à ta rencontre; le visage que j'affectionne, je *l'ai trouvé* [2]; *16*. j'ai tendu ma couche de bandelettes (κειρία); j'ai étendu ⟨sur⟩ elle des tapis (ἀμφίταπις) d'Égypte; *17*. j'ai répandu du safran (κρόκος) sur ma couche, ⟨et dans⟩ ma maison, du cinnamome (κιννάμωμον). *18*. Allons, reposons-nous tous deux en amitié jusqu'à l'aube! [39] allons, enlaçons-nous dans [l'amour]! *19*. Car (γάρ) mon mari n'⟨est⟩ pas dans ma maison; il est allé sur un chemin éloigné; *20*. il a une bourse dans ses mains; il s'en retournera vers sa maison lors de jours éloignés !'' *21*. Elle l'égara (πλανᾶν) (δέ) par un grand discours (ὁμιλία); elle l'attacha par les *filets des embûches* [3] (κρύσταλλος) de ses lèvres. *22*. Lui (δέ) la suivit, bouleversé, comme un bœuf qu'on va amener à son abattoir, *23*. ou comme un chien qui se hâte vers sa chute, ou comme une biche qu'on a meurtrie, avec un arc, à son foie (ἧπαρ), [40] [ou comme] un oiseau dans un piège, ne sachant pas qu'il y va de sa vie. *24*. Maintenant, mon fils, écoute-moi ! prête attention aux paroles de ma bouche. *25*. Que ton cœur ne s'incline pas vers ses chemins ! *26*. Car (γάρ) elle a blessé une foule ⟨d'hommes⟩, car (γάρ) elle en a précipité d'innombrables, qu'elle a fini par tuer. *27*. Ses chemins vont dans les maisons de l'Amenté, conduisant (δέ) en bas, vers les antres (ταμιεῖον) de la mort.

8, 1. Toi (δέ), proclame la sagesse (σοφία), pour que l'intelligence t'écoute; *2*. car (γάρ) elle ⟨est⟩ sur les sommets élevés; [41] elle se tient (δέ) au mi[lieu] des chemins; *3*. elle se met en chasse près des portes (πύλη) des ⟨hommes⟩ puissants; on la louange dans le lieu d'entrée : *4*. ,,Je vous exhorte (παρακαλεῖν), hommes ! Je vous adresse ma voix, fils des hommes ! *5*. Ils comprendront (νοεῖν), les simples, l'intelligence; insensés, prêtez votre attention, *6*. écoutez-moi, parce que (γάρ) je vous adresserai des instructions, parce que

---

[1] Cfr note précédente.
[2] Leçon A S; P « je suis allée à lui » (lapsus par omission d'une lettre).
[3] Traduction conjecturale.

j'ouvrirai mes lèvres ⟨pour dire⟩ des choses droites; *7.* car (γάρ) ma bouche récitera (μελετᾶν) la foi (πίστις). Elles sont souillées (δέ), les lèvres mensongères, devant ma face; *8.* parce que [**42**] toutes [les paroles] de ma bouche sont dans la justice (δικαιοσύνη); rien de pervers en elles, ni (οὐδέ) d'inique. *9.* Elle est en face de tous ceux qui comprennent (νοεῖν); elle est droite (δέ) pour ceux qui veulent recevoir le discernement (αἴσθησις). *10.* Avantage-toi par l'instruction, pas par l'argent; prépare-toi la connaissance, plus que l'or de choix. *11.* Car (γάρ) la sagesse (σοφία) est préférable à des pierreries véritables; aucun vase précieux ne la vaut. *12.* C'est moi, la sagesse (σοφία), qui ai fondé le conseil; c'est moi qui me suis laissé le discernement (αἴσθησις) et la pensée. *13.* La piété envers Dieu hait la méchanceté (κακία); [**43**] elle hait encore l'arrogance et l'orgueil, et les chemins mauvais, et la bouche menteuse. *14.* A moi est le conseil et la fermeté ! *A moi* [1] est l'intelligence, à moi est la force ! *15.* Les rois règnent grâce à moi; à cause de moi [2], les ⟨hommes⟩ puissants maîtrisent la terre. *16.* Les grands croissent grâce à moi, et les tyrans (τύραννος) maîtrisent la terre. *17.* Moi, j'aime ceux qui m'aiment; ceux qui me recherchent (δέ) me trouveront. *18.* Car (γάρ) j'ai la richesse et la gloire, [**44**] [et] la possession abondante, et la justice (δικαιοσύνη). *19.* Il vous est bon de m'acquérir, plus que l'or et les pierreries véritables; et bonnes sont mes productions (γέννημα), plus que l'argent de choix. *20.* Car (γάρ) je marche sur les chemins de la vérité, et je vais dans les chemins de la vérité; *21.* afin que je lègue la richesse à ceux qui m'aiment, que je remplisse leurs trésors de biens (ἀγαθόν). *21a.* Si je produis ⟨pour⟩ vous ce qui arrive quotidiennement, je me souviendrai de compter depuis l'éternité. *22.* Dieu m'a fondée, premier (ἀρχή) de ses [**45**] chemins, pour ses œuvres, alors qu'il n'avait encore rien créé; *23.* il établit mes fondations, avant l'éternité, *au commencement* [3], *24.* alors qu'il n'avait pas encore établi la terre; il m'engendra (δέ) avant l'abîme, alors que les sources (πηγή) d'eau n'étaient pas encore sorties, *25.* alors qu'il n'avait pas encore affermi les montagnes; il m'engendra, avant toute *colline* [4]. *26.* Dieu créa la terre et le ciel, et jusqu'à l'extrémité de la terre, qui atteint le ciel. *27.* Il allait préparer le ciel : j'étais avec

---

[1] Leçon A S; P « je suis » (lapsus ?).
[2] « A cause de moi » est omis par les autres témoins.
[3] Leçon A S; P « auparavant » (lapsus ?).
[4] Leçon A S; P « holocauste » (lapsus, par omission de deux lettres).

lui; il allait mettre à part son trône (θρόνος), au-dessus des vents;
28. il allait affermir les sources (πηγή) qui sont près du ciel; **[46]**
29. [il al]lait affermir les fondations de la terre, et les nuages en
haut : *30.* j'étais avec lui, ⟨les⟩ lui préparant; c'était avec moi
qu'il se réjouissait; je me réjouissais (εὐφραίνειν) (δέ) quotidiennement
avec lui, à sa face, à tout instant; *31.* il se réjouissait (εὐφραίνειν)
(δέ) lorsqu'il acheva le monde (οἰκουμένη); *il se réjouissait* [1]
(εὐφραίνειν) sur les fils des hommes; ses trésors (δέ) font se réjouir
les hommes. *32.* Maintenant, mes fils, écoutez-moi; *33.* prêtez
votre attention à la parole de mon instruction, que vous
n'échappiez pas à mes admonestations; **[47]** pour que vous ayez
une longue [existence] et que vous soyez sages (σοφός). {N'échappez
pas à mes admonestations.} *34.* Heureux l'homme qui m'obéira,
et l'homme qui gardera mes chemins; veillant, la nuit, sur mes
portes, quotidiennement, gardant les montants de mes entrées.
35. Car (γάρ) mes chemins sont des chemins de vie; car (γάρ) ⟨ma⟩
volonté est préparée par le Seigneur. *36.* L'ardeur (δέ) vient de
Dieu, avec toute œuvre de choix; ceux qui pratiquent l'iniquité
envers moi nuiront (βλάπτειν) **[48]** [à leurs] âmes (ψυχή); ceux qui
me haïs[sent] sont amis de la mort ''.

9, *1.* La sagesse (σοφία) s'est construit une maison, affermie
par sept colonnes (στῦλος). *2.* Elle a égorgé ses ⟨bestiaux à⟩ égorger;
elle a mélangé (κεραννύναι) son vin dans un vase; elle a préparé
une table (τράπεζα); *3.* elle a envoyé ses esclaves, appelant ⟨au
moyen⟩ d'une grande proclamation, disant, par-dessus le vase :
4. ,,L'insensé, parmi vous, qu'il se tourne vers moi ! '' Voici,
elle a dit à ceux qui sont dépourvus d'instruction : *5.* ,,Allez,
mangez de mes pains, buvez le vin que j'ai mélangé (κεραννύναι);
[49] *6.* délaissez le manque de [sens], pour que vous viviez;
recherchez l'intelligence, pour que vous existiez, pour que vous
connaissiez l'intelligence par la connaissance; pensez à l'instruction,
dans un chemin droit.'' *7.* Celui qui instruit les mauvais s'attire des
insultes; celui qui regarde vers l'insulte parvient à de mauvais⟨es
choses⟩. Meurtrissures [2] (δέ) ⟨sont⟩ les admonestations à l'impie

---

[1] Leçon des autres témoins; P « il allait se réjouir ».
[2] Litt. « raisins *kème* = noirs »? Ce demi-verset manque en grec; ailleurs,
20, 30, ce même mot copte correspond à ὑπώπια (contusions, meurtrissures,
enflures en général); le grec σταφυλή désigne à la fois une grappe de raisins
et des maladies provoquant des bourgeonnements (analogues à un grain de
raisin).

(ἀσεβής); *8.* n'admoneste pas les méchants, pour qu'ils ne te haïssent pas; [50] admoneste l'⟨homme⟩ prudent, qu'il t'aime. *9.* Donne l'occasion (ἀφορμή) à un sage (σοφός) : il devient plus sage (σοφός); renseigne le juste (δίκαιος) : il progresse en connaissance. *10.* Le commencement (ἀρχή) de la sagesse (σοφία) est la piété envers Dieu; l'intelligence (δέ) des saints est le progrès en connaissance; *10a.* le fait d'un cœur (δέ) bon est de comprendre (νοεῖν) la loi (νόμος). *11.* Car (γάρ), de cette façon, tu auras une longue existence, elles te seront ajoutées, les années de vie. *12.* Mon fils, si tu est sage (σοφός), tu le seras pour toi et tes prochains; [51] si (δέ) tu es mauvais, [tu] te choisiras du mal pour toi seu[l]. *12a.* Celui qui s'affermit sur des mensonges, celui-là paît des vents, et il court après des oiseaux volants; *12b.* car (γάρ) il a délaissé les chemins de sa vigne; il a oublié les chemins de son propre champ; *12c.* il marche (δέ) par un désert *sans eau* [1], et par un lieu de soif dénudé; il amasse le dénuement, pour lui, entre ses mains. *13.* Une femme stupide ⟨et⟩ insensée aura disette de pain, [52] [elle qui] ne connaît pas la honte. *14.* Elle s'est assise sur une marche, à la porte de sa maison, se montrant dans les places (πλατεῖα), *15.* appelant ceux qui passent (παράγειν), qui sont droits dans leurs chemins, disant : *16.* ,, L'insensé parmi vous, qu'il se tourne vers moi; j'ordonne, disant à ceux qui sont dépourvus d'instruction : *17.* mangez le pain caché avec empressement, et l'eau volée ⟨qui⟩ est douce ! '' *18.* Il ne sait (δέ) pas que les hommes meurent auprès d'elle, et qu'elle les rencontre [53] aux pièges de l'Amenté. *18a.* Mais (ἀλλά) cours au loin, ne t'attarde pas auprès d'elle ! Ne fixe pas tes yeux sur son visage ! *18b.* Car (γάρ) c'est de cette manière que tu franchiras une eau qui n'est pas tienne; car (γάρ) celui qui s'approche d'elle descendra vers l'Amenté. Celui qui s'⟨en⟩ détournera (δέ) sera sauf; et il vivra un temps ⟨durant⟩ jusqu'à l'éternité. Tu franchiras une eau étrangère; *18c.* détourne-toi (δέ) d'une eau qui n'est pas tienne; ne bois pas à une source (πηγή) étrangère; [54] *18d.* [pour] que tu aies une longue existence, que [s'a]joutent [2] pour toi des années de vie.

10, *1.* Un fils sage (σοφός) réjouit (εὐφραίνειν) son père; chagrin (λύπη) de sa mère est un fils insensé. *2.* Les trésors n'avantageront

[1] Leçon A S, grec; P « immortel » (lapsus par omission d'une lettre).
[2] Leçon A. et S Zoéga, cité par Worrell; P. S « se terminent » (omission d'une lettre).

pas les déréglés (ἄνομος); la justice (δικαιοσύνη) (δέ) sauve de la mort. *3.* Le Seigneur ne fera pas mourir une âme (ψυχή) juste (δίκαιος) par la faim; il abattra (δέ) la vie des impies (ἀσεβής). *4.* La pauvreté humilie l'homme; les mains des ⟨hommes⟩ affermis ⟨sont⟩ riches. *4a.* Un fils instruit sera sage (σοφός); [55] il se servira (χρᾶν) (δέ) *de l'in[sensé] comme* ¹ serviteur. *5.* Il sera sauf dans la fournaise (καῦμα), le fils prudent; le fils (δέ) transgresseur (παράνομος) maigrira dans la moisson. *5a.* Il amassera pendant l'été; l'⟨homme⟩ blâmable (δέ) défaillira dans la moisson. *6.* La bénédiction du Seigneur ⟨est⟩ sur la tête du juste (δίκαιος); le deuil (δέ) voilera la bouche des impies (ἀσεβής), prématurément (?). *7.* ⟨De⟩ bonne réputation est le souvenir du juste (δίκαιος); le nom (δέ) des impies (ἀσεβής) disparaîtra. *8.* Le sage (σοφός), en son cœur, [56] [accueille]ra le commandement (ἐντολή); [qui est] retors (δέ) dans ses lèvres faussées, tombera. *9.* Celui qui marche dans la simplicité, marche fermement; qui rend tortueux (δέ) ses chemins sera manifesté. *10.* Celui qui cille de ses yeux avec fourberie, amasse du chagrin (λύπη) pour les hommes; qui admoneste (δέ) ouvertement leur fera la paix (εἰρήνη). *11.* La source (πηγή) de la vie est dans la main du juste (δίκαιος); la destruction (δέ) voilera la bouche des impies (ἀσεβής). [57] *12.* La haine fait le[ver] la querelle; quiconque (δέ) ne fait pas l'iniquité, l'amitié le couvrira ⟨de son voile⟩. *13.* Celui qui émet (δέ) la sagesse (σοφία) par sa bouche, frappe un homme insensé avec un bâton. *14.* Les sages (σοφός) voileront leur insulte; la bouche (δέ) déréglée approchera de sa ruine. *15.* L'acquisition d'un riche, c'est une ville (πόλις) forte; la ruine (δέ) des impies (ἀσεβής), c'est la pauvreté. *16.* Les œuvres du juste (δίκαιος) engendrent la vie; [58] [les] fruits (καρπός) (δέ) des impies (ἀσεβής) [sont] leurs péchés. *17.* L'instruction garde les chemins de la vie; l'instruction (δέ) qu'on n'a pas corrigée égare (πλανᾶν). *18.* Les lèvres véridiques cachent l'inimitié; insensés (δέ) sont ceux qui profèrent des malédictions par leurs bouches. *19.* Par l'abondance des paroles, tu n'échapperas pas au péché; épargnant (δέ) tes lèvres, tu seras intelligent. *20.* Argent de choix est la langue des justes (δίκαιος); le cœur (δέ) des impies (ἀσεβής) tarira. *21.* Les lèvres des justes (δίκαιος) connaissent ce qui est élevé; ils mourront (δέ), les insensés, dans la disette. *22.* La bénédiction de Dieu, c'est la ri[59]chesse;

---

¹ Leçon A S; P est corrompu.

et (οὐδέ) le chagrin (λύπη) ne lui [1] sera pas placé dans son cœur.
23. L'insensé, par sa moquerie, commet une aberration; la sagesse
(σοφία) (δέ) engendre la prudence pour l'homme. *24.* L'impie
(ἀσεβής) ⟨doit⟩ supporter la destruction; les désirs (ἐπιθυμία)
des justes (δίκαιος) sont de choix. *25.* L'impie (ἀσεβής) sera détruit
en un coup de vent subit; le juste (δίκαιος) (δέ) y échappera.
26. Comme un raisin acide, exécrable pour les dents, et une fumée
(καπνός) pour les yeux, telle est la transgression (παρανομία) pour
ceux qui la pratiquent. [60] *27.* La piété envers Dieu accorde une
longue existence; les années (δέ) des impies (ἀσεβής) se raréfieront.
28. Le plaisir s'attarde avec les justes (δίκαιος); l'espérance (ἐλπίς)
des impies (ἀσεβής) sera détruite. *29.* Élévation du saint est la
crainte du Seigneur; elle est ruine (δέ) à ceux qui font l'œuvre du
mal. *30.* Le juste (δίκαιος) ne recule jamais; les impies (ἀσεβής)
(δέ) ne dureront pas sur la terre. *31.* La bouche (δέ) des justes
(δίκαιος) manifestera la sagesse (σοφία); [61] la langue (δέ) de ceux
qui font l'iniquité sera détruite. *32.* Les lèvres des (hommes)
véridiques connaissent des grâces (χάρις); la bouche (δέ) des impies
(ἀσεβής) sera ruinée.

[11, 4] Aucun avoir (χρῆμα) n'avantagera aux jours de la colère
(ὀργή); la justice (δικαιοσύνη) (δέ) sauve de la mort. *1.* Abominations
à la face du Seigneur sont les *mesures falsifiées* [2]; la mesure (δέ)
vraie est de choix devant lui. *2.* Le lieu où l'arrogance entrera, la
ruine y ⟨sera⟩ aussi; la bouche des humbles récitera (μελετᾶν) la
sagesse (σοφία); [62] [la] simplicité de ceux qui sont droits les
guidera. *3.* Si le juste (δίκαιος) meurt, on a compassion de lui;
en revanche, on se lave les mains de la destruction de l'impie
(ἀσεβής), et on s'en réjouit. *5.* La justice (δικαιοσύνη) du saint
rendra droits ses chemins; l'iniquité (δέ) *descend* vers l'aberration.
6. La justice (δικαιοσύνη) des hommes droits les sauvera; les
transgresseurs (παράνομος) (δέ) seront détruits par leur manque de
conseil; [......

manque un folio

---

[1] Texte corrompu; les deux masculins, « lui », et « son », possessif masculin,
se réfèrent au « riche », dont parlent effectivement A et S au premier stique,
et non pas à « la richesse », leçon P.
[2] Leçon A S; P « embuscades » (confusion de lettres).

..... 15.] [**63**] *... parce qu'il hait la* [*voix des*] *œuvres affermies* [1]. *16.* Une
femme ayant de la [grâce] suscite de la gloire à son mari; trône
(θρόνος) (δέ) de *déshonneur* [2] est une femme haïssant les vérités;
le paresseux aura disette de richesse. *17.* L'homme charitable fait
du bien (ἀγαθόν) à son âme (ψυχή); l'impitoyable, lui-même,
détruira son corps (σῶμα). *18.* L'impie (ἀσεβής) fait des œuvres
d'iniquité; celui qui sème (δέ) la justice (δικαιοσύνη) fait œuvre,
pour lui, en vue de la foi (πίστις). [**64**] *19.* [Salai]re de vérité est la
semence (σπέρμα) [des] justes (δίκαιος); l'engendrement d'un fils
juste (δίκαιος) est la vie; ce qui poursuit (διωγμός) (δέ) l'impie
(ἀσεβής), c'est la mort. *20.* Impurs (ἀκάθαρτος) devant Dieu sont
les cœurs endurcis; abominable au Seigneur est celui qui se
pervertit sur son chemin; est agréé (δέ) devant lui, quiconque est
saint sur son chemin. *21.* Celui qui prendra la main de quelqu'un
iniquement ne sera ⟨pas⟩ exempt de peine; celui qui sème (δέ) la
justice (δικαιοσύνη) [**65**] recevra un salaire [sûr] (πίστις). *22.* Comme
un anneau [au n]ez d'un porc, telle ⟨est⟩ la beauté d'une femme
exécrable. *23.* Bonne ⟨est⟩ la volonté entière des justes (δίκαιος);
les chemins (δέ) des {impies} injustes (ἄ{σ}δικος) ⟨sont⟩ mauvais.
24. Tel sème ses propres ⟨biens⟩, qui deviennent, pour lui, davantage; tels amassent ⟨eux⟩-mêmes, et sont dépourvus. *25.* L'âme
(ψυχή) (δέ) qu'on louange s'empresse; il n'est pas bon, l'homme
(δέ) qui s'irrite. *26.* Celui qui accumule le froment, la foule le
maudit; [**66**] [la bénédiction] vient sur la tête de [celui qui] donne.
27. Celui qui pense le bien, recherche des grâces (χάρις) bonnes;
les maux [3] (δέ) surprendront ceux qui les recherchent. *28.* Celui
qui met (δέ) sa confiance dans la richesse tombera; celui qui a pitié
(δέ) des pauvres, on le dira bienheureux (μακαρίζειν). Celui qui
construit sa maison dans l'iniquité, laissera des douleurs à ses
fils. *29.* Celui qui n'est pas actif (δέ) *en* [4] sa maison, héritera
(κληρονομεῖν) des vents; l'insensé (δέ) sera esclave du prudent.
[**67**] *30.* Il y a un arbre de vie [⟨qui sort⟩ du] fruit (καρπός) de la
justice (δικαιοσύνη); elles mourront (δέ), les âmes (ψυχή) des
transgresseurs (παράνομος), prématurément (?). *31.* Si c'est à peine

---

[1] Leçons A S B; P « parce qu'il pense la [voix des] œuvres de séparation »
(texte corrompu, par suite de plusieurs confusions de lettres).
[2] Leçon A, S, grec; P « de souillure » semble suspect.
[3] Leçon A S; P singulier.
[4] Leçon A S; P « sa maison ».

(μόγις) qu'un juste (δίκαιος) vit, le pécheur et l'impie (ἀσεβής), où vont-ils ?

12, *1.* Celui qui aime l'instruction aime le discernement (αἴσθησις); insensé (δέ) est celui qui hait l'admonestation. *2.* Bon ⟨est⟩ celui qui a trouvé grâce devant Dieu; un homme qui *pense* [1] le mal *transgresse* [1] (παρανομεῖν). *3.* L'homme (δέ) ne sera pas rendu droit par les déréglés (ἄνομος); [68] [les racines] des justes (δίκαιος) ne seront pas extirpées. *4.* [Couronne] de son mari est une femme [jus]te (δίκαιος); comme un ver dans du bois, ainsi une femme exécrable détruira son mari. *5.* Jugements sont les pensées des justes (δίκαιος); les impies (ἀσεβής) (δέ) gouvernent par une parole ⟨rusée⟩. *6.* La bouche des justes (δίκαιος) les sauvera; fourbe (δέ) est la bouche des impies (ἀσεβής). *7.* L'impie (ἀσεβής) sera détruit dans le lieu vers lequel il se sera tourné; les maison (δέ) des justes (δίκαιος) resteront. *8.* Les concitoyens de l'intelligent bénissent sa bouche; ils ricanent (δέ) des lâches. [69] *9.* Meilleur ⟨est⟩ un homme étant [esclave] à lui-même, dans le mépris, qu'(?)un ⟨homme⟩ qui se glorifie lui-même, ayant disette de pain. *10.* Le juste (δίκαιος) a pitié de l'âme (ψυχή) de ses bestiaux; impitoyables (δέ) sont les entrailles des impies (ἀσεβής). *11.* Celui qui travaille sa terre sera rassasié de pain; ceux qui courent (δέ) après les vanités sont des ignorants. *11a.* Celui qui se plaît dans les lieux où l'on boit le vin, laissera le déshonneur dans ses (lieux de) demeures. *12.* Les désirs (ἐπιθυμία) des impies (ἀσεβής) sont mauvais; la racine (δέ) des hommes de Dieu ⟨est⟩ affermie. [70] *13.* [Le pé]cheur *tombera* [2] dans un piège [à cause des] témoignages de ses lèvres; [le jus]te (δίκαιος) (δέ) y échappera. *13a.* [On] aura pitié de qui fait très attention; ceux qu'on rencontre (δέ) près des portes (πύλη) affligeront (θλίβειν) leurs âmes (ψυχή). *14. Les âmes des hommes* seront rassasiées *de biens* par les fruits (καρπός) de la bouche [3]; on lui donnera (δέ) le revenu de ses lèvres. *15.* Les chemins des insensés sont droits à leurs yeux; le sage (σοφός) (δέ) écoute ⟨les⟩ conseils. *16.* L'insensé (δέ) fait éclater sa colère (ὀργή) quotidiennement; l'⟨homme⟩ prudent, lui, cache son insulte.

---

[1] Leçon A S: P « hait » (lapsus; voir lapsus en sens inverse, supra, 11, 15; P « ne transgressera pas ».

[2] Leçon A S: P « ira » (omission d'une lettre).

[3] Traduit d'après la reconstruction proposée dans le texte; P « celui qui est bon sera rassasié par les fruits de la bouche des hommes ».

17. Le juste (δίκαιος) produit une foi (πίστις) manifeste; [71] fourbe (δέ) est le [témoi]gnage ⟨fait⟩ dans l'iniquité. *18.* Il y en a qui parlent, étant comme des épées qui transpercent; les langues des sages (σοφός) soulagent (?) ¹. *19.* Les lèvres véridiques rendent droit le rémoignage; qui témoigne avec rapidité a une langue inique. *20.* C'est de la fourberie qui ⟨est⟩ dans le cœur de celui qui pense le mal; ceux qui conseillent (δέ) pacifiquement (εἰρήνη) se réjouiront (εὐφραίνειν). *21.* Rien d'inique ne plaira au juste (δίκαιος); [72] [les impi]es (ἀσεβής) (δέ) mourront dans leur mal. *22.* Abominations devant le Seigneur sont des lèvres mensongères; celui qui pratique la foi (πίστις) est agréé devant lui. *23.* Trône (θρόνος) de discernement (αἴσθησις) est l'homme prudent; le cœur (δέ) ⟨des⟩ insensé⟨s⟩ ² rencontrera des malédictions. *24.* La main des élus saisira fermement; les fourbes (δέ) seront ⟨mis⟩ au pillage. *25.* Une parole effrayante bouleverse le cœur de l'homme; *un message* ³ (δέ) bon le réjouit (εὐφραίνειν). *26.* Le juste (δίκαιος) se révèle à son ami; [73] le chemin (δέ) des impies (ἀσεβής) [les perdra]. *27.* Le rusé (δόλος) ne saisira pas les [⟨butins de⟩ chasse]; richesse (δέ) de prix est un homme saint. *28.* La vie (δέ) est sur les chemins de la justice (δικαιοσύνη); les chemins des hommes qui méditent le mal vont à la mort.

13, *1.* Un fils prudent écoute son père; le fils (δέ) désobéissant va à la destruction. *2.* Le bon mangera des fruits (καρπός) de la justice (δικαιοσύνη); les âmes (ψυχή) (δέ) des transgresseurs (παράνομος) mourront *prématurément* ⁴. [74] *3.* [Qui garde] sa bouche, garde [son] âme (ψυχή); qui est retors ⁵ [(δέ)] en ses lèvres, se bouleversera lui-même. *4.* Tout inactif (ἀεργός) ⟨est⟩ dans les désirs (ἐπιθυμιά); les mains (δέ) des courageux ⟨sont⟩ dans la fermeté. *5.* Le juste (δίκαιος) hait la parole inique; l'impie (ἀσεβής) (δέ) aura honte, il n'aura pas libre-parler (παρρησία). *6.* La justice (δικαιοσύνη) garde les simples; le péché (δέ) rend les impies (ἀσεβής) fourbes. *7.* Il y en a qui se font riches, n'ayant rien; il y en a qui s'humilient, ayant [75] une *grande* riches[se]. *8.* Le rachat de l'âme (ψυχή) de [l'hom]me est sa riches[se]; le pauvre ne supporte pas (δέ) la me[nace] (ἀπειλή). *9.* La lumière est aux justes (δίκαιος) à

¹ Traduit d'après A S B, grec.
² P « le cœur insensé »; A S « le cœur de l'insensé ».
³ Leçon A S; P « une addition » (lapsus par addition d'une lettre).
⁴ Litt. : « étant bouleversés » (voir appareil).
⁵ Litt. « bouleversé ».

tout instant; mais la lumière des impies (ἀσεβής) disparaîtra (?).
9a. Les âmes (ψυχή) des rusés (δόλος) s'égarent (πλανᾶν) dans les
péchés; les justes (δίκαιος) (δέ) compatissent, s'apitoient. *10.* Les
mauvais font le mal avec arrogance; sages (σοφός) (δέ) sont ceux
qui connaissent la justice (δικαιοσύνη). *11.* La richesse qu'on s'est
hâté d'acquérir avec désir (ἐπιθυμία) manquera; qui amasse, lui,
avec **[76]** [piété (εὐσεβής)], multipliera. *12.* [Préférable] ⟨est⟩ celui
qui est prompt à [secou]rir (βοηθεῖν) dans son cœur, plus [que]
celui qui fait un vœu et se ravise; car (γάρ) arbre de vie est la volonté
qui vient ¹. *13.* Celui qui méprise (καταφρονεῖν) une œuvre,
⟨l'œuvre⟩ le méprisera (καταφρονεῖν) lui aussi; celui qui craint le
commandement (ἐντολή) est sauf à tout instant. *13a.* Rien de bon
(ἀγαθόν) n'arrivera à un fils rusé (δόλος); des œuvres droites
arriveront à un esclave sage (σοφός). *14.* Il y a une *source* ⟨πηγή⟩
de vie ² dans les chemins de la sagesse (σοφία); **[77]** l'insensé (δέ)
mourra [dans un piège]. *15.* L'intelligence bonne donne la grâce;
destruction (δέ) sont les chemins des transgresseurs (παράνομος).
16. Tout malfaiteur (πανοῦργος) opère avec conseil; l'insensé (δέ)
étale sa méchanceté (κακία). *17.* Un roi stupide tombera dans les
maux; un courrier (δέ) *sûr* le sauvera. *18.* L'instruction supporte
la pauvreté et le mépris; **[78]** *19.* [les dé]sirs (ἐπιθυμία) des hommes
de [Dieu] donnent du plaisir à leurs âmes (ψυχή); [les dé]sirs
(ἐπιθυμία) des impies (ἀσεβής) sont [éloi]gnés de la connaissance.
20. [Si] tu marches avec un sage (σοφός), [tu] seras sage (σοφός);
celui qui marche [(δέ)] avec les insensés sera manifes[té]; [les
jus]tes (δίκαιος) seront en paix (εἰρήνη); *21.* [les] maux courront
après [les pé]cheurs; [les] biens (ἀγαθόν) surprendront les justes
(δίκαιος). *22.* [L']homme juste (δίκαιος) léguera aux fils de ses
fils; les impies (ἀσεβής) amassent leur richesse pour les justes
(δίκαιος) ³. *23.* Les forts (δέ) reposeront **[79]** dans leur ri[ches]se
beaucoup d'années; certains (δέ) ont été détruits à l'improviste ⁴.
24. Qui épargne son bâton, hait son fils; qui aime le sien l'instruira

¹ Quoi qu'il en soit du sens à lui donner, la leçon « désir qui vient » a dû
exister dans la tradition, puisque Vulg. porte *desiderium veniens*; notre grec
ἐπιθυμία ἀγαθή est suivi, en tous cas, par A S' et B. Une leçon de ce genre,
— il y en a d'autres, — suffirait à faire toucher du doigt la complexité du
problème textuel soulevé par la teneur de P.

² Leçon A S; P « vie hâtive », non-sens causé par une interversion de syllabes
et de mots.

³ A S : « la richesse des impies est amassée pour les justes »; P a-t-il remanié
son modèle ?

⁴ Litt. (?) « eux ne se gardant pas »; A S, grec « subitement ». Cfr 6. 15.

davantage. *25*. Le juste (δίκαιος) mange jusqu'à ce qu'il rassasie son âme (ψυχή); les âmes (ψυχή) (δέ) des impies (ἀσεβής) ont disette.

14, *1*. La femme prudente construit une maison; l'insensée, ⟨elle-⟩même, la détruit de ses mains. *2*. Qui marche droitement craint Dieu; qui fausse (δέ) ses chemins recevra ⟨le⟩ mépris. [80] *3*. [C'est un bâ]ton de mépris qui ⟨est⟩ dans la [bou]che ⟨des⟩ insensés; [les] lèvres des sages (σοφός) les garderont. *4*. Crèche vide est le lieu où il n'y a pas de vaches; la force (δέ) de la vache se manifeste dans le lieu où il y a une masse de produits (γέννημα). *5*. Un témoin fidèle (πιστός) ne mentira pas; un témoin inique suscite des mensonges. *6*. Tu rechercheras la justice (δικαιοσύνη) des mauvais, tu ne la trouveras pas; le discernement (αἴσθησις)(δέ) est préparé ⟨par⟩ les mains des prudents. [81] *7*. Tout(e œuvre) s'oppose à l'hom[me] insensé; armes (ὅπλον) (δέ) de discernement (αἴσθησις) sont des lèvres [prudentes]. *8*. La sagesse (σοφία) des sensés connaîtra leurs chemins; le manque de sens et l'ignorance ⟨sont⟩ dans l'égarement (πλάνη). *9*. Les maisons des transgresseurs (παράνομος) *méritent* [1] la purification; les maisons (δέ) des justes (δίκαιος) sont de choix. *10*. Le cœur de qui a du discernement (αἰσθάνεσθαι) est le chagrin (λύπη) de son âme (ψυχή); lorsqu'il (ὅταν δέ) se réjouit (εὐφραίνειν), le chagrin (λύπη) ne se mêle pas à lui. *11*. Les maisons des impies (ἀσεβής) seront détruites; les tentes (σκηνή) (δέ) des justes (δίκαιος) demeureront jusqu'à l'éternité. [82] *12*. [Il y a ⟨un⟩ chemin] dont l'homme pense [qu'il] ⟨est⟩ droit, dont la fin [atteint] jusqu'aux gouffres de l'Amenté. *13*. Le chagrin (λύπη) *ne* se mêle *pas* [2] au plaisir; la fin (δέ) de la joie va au deuil; *14*. Le cœur dur (δέ) sera rassasié de ses propres chemins; l'homme (δέ) saint, de ses pensées. *15*. Le simple a confiance en toute parole; le prudent (δέ) se ravise. *16*. Le sage (σοφός) craint, de façon à se détourner du mal; l'insensé, ⟨lui⟩-même, s'y mêle avec assurance. *17*. Qui est prompt à la fureur [83] fait une sot[tise]; l'hom[me] sage (σοφός) supporte davan[tage] en son cœur. *18*. Les insensés, eux, auront en partage, pour eux, la méchanceté (κακία); les prudents (δέ) saisissent le discernement (αἴσθησις). *19*. Les mauvais tomberont en face des bons; les impies (ἀσεβής) serviront devant les portes des justes

---

[1] Leçon A S, grec; P « ne méritent pas » (dittographie).
[2] Leçon A S, grec; P « se mêle ».

(δίκαιος). *20.* Les amis haïssent un compagnon de pauvreté; multiples ⟨sont⟩ les amis (δέ) des riches. *21.* Qui ⟨traite avec⟩ mépris les pauvres, pèche; [84] [bienheureux (μακάρι]ος) est celui qui a pitié [des pauvres]. *22.* Les faiseurs de [mal] ne connaissent pas la pitié et la foi (πίστις); la pitié et la foi (πίστις) sont aux mains de ceux qui font ce qui est bon. *23.* Il y a *de la sagesse* [1] (σοφός) en quiconque prend soin; qui repose (δέ) et qui ne se donne pas de peine ⟨*manquera de prudence*⟩ [2]. *24.* La richesse (δέ) est la couronne des sages (σοφός); la demeure (δέ) ⟨des⟩ insensés ⟨est⟩ mauvaise. *25.* Un témoin de confiance sauve les âmes (ψυχή) du mal; le rusé (δόλος), lui, suscite des mensonges. *26.* L'espérance (ἐλπίς) [85] de la force ⟨est⟩ dans la main du [Seigneur]; il laissera (δέ) un affermisse[ment de vie] à ses fils. *27.* Source (πηγή) de [vie est] l'ordonnance (πρόσταγμα) du Seigneur; il les détourne (δέ) des pièges de la mort. *28.* La gloire d'un roi est dans une grande foule; la destruction des princes (δυνάστης) est dans l'*extinction* [3] des peuples (λαός). *29.* L'homme pondéré multiplie ⟨sa⟩ prudence; très insensé (δέ) est le pusillanime. *30.* Médecin dans son cœur est l'homme qui ne s'irrite pas; [86] [pourriture] des os est un [cœur] qui sent (αἰσθάνεσθαι). *31.* Celui qui calomnie le pauvre provoque celui qui l'a créé; qui l'honore a pitié du pauvre. *32.* L'impie (ἀσεβής) sera humilié dans sa méchanceté (κακία); juste (δίκαιος) (δέ) est celui qui a confiance en sa sanctification. *33.* La vérité se multiplie dans le cœur de l'homme bon, et il sait la sagesse (σοφία); elle n'est pas sue (δέ) dans le cœur ⟨des⟩ insensés. *34.* La justice (δικαιοσύνη) élève une nation (ἔθνος); [87] les péchés (δέ) déci[ment] les tribus (φυλή). *35.* le serviteur (ὑπηρέτης) prudent est agréé de la part d'un roi; il supporte (δέ) le mépris, au temps où il se tournera [4].

15, *1.* La colère (ὀργή) détruit aussi les prudents; une parole ⟨qui est⟩ à sa place détourne l'irritation. L'homme chagrin (λύπη) suscite des colères (ὀργή). *2.* La langue ⟨des⟩ prudents connaît les bonnes ⟨choses⟩; la bouche de l'insensé connaît les mauvaises. *3.* L'œil du Seigneur regarde sur tout lieu: [88] [sur les] mauvais

---

[1] Leçon A S; P « un sage » (lapsus).
[2] Leçon A S; P omet l'apodose (ligne passée ?).
[3] Leçon A S; P lapsus.
[4] Nous comprenons : au temps où le roi, ayant changé de dispositions, se tournera contre le serviteur.

et sur les bons. *4.* [Ar]bre de vie est la guérison de la langue; qui fait (δέ) cela sera rassasié de ses fruits (καρπός). *5.* L'insensé ricane de l'instruction de son père; très prudent (δέ) est qui garde ses admonestations. *6.* Il y a une grande force dans la justice (δικαιοσύνη) multipliée; les machinations (δέ) des impies (ἀσεβής) seront extirpées avec leurs racines. Il y a une grande force dans la maison des justes (δίκαιος); les fruits (καρπός) (δέ) des impies (ἀσεβής) seront détruits. *7.* Les lèvres des sages (σοφός) sont attachées au discernement (αἴσθησις); [89] les cœurs (δέ) ⟨des⟩ insensés ne sont pas affer[mis]. *8.* Abominations ⟨aux yeux⟩ du Seigneur sont les sacrifices (θυσία) des transgresseurs (παράνομος); les vœux (δέ) de ceux qui sont droits sont agréés devant lui. *9.* Abominations ⟨aux yeux⟩ du Seigneur sont les chemins des impies (ἀσεβής); il aime (δέ) ceux qui recherchent la justice (δικαιοσύνη). *10.* L'instruction du *simple* [1] est connue de ceux qui passent (παράγειν); ceux qui haïssent (δέ) les admonestations *mourront dans le* [2] mépris. *11.* L'Amenté et l'abîme sont révélés à Dieu; sur quelle montagne, en revanche, les hommes, eux, pourront-ils se cacher? [90] *12.* L'ignorant n'aime pas qui l'admoneste; ni (οὐδέ) il ne parle avec les sages (σοφός), *13.* Le cœur joyeux (εὐφραίνειν) donne bonne mine au visage; il s'assombrit, au contraire, s'il est dans les chagrins (λύπη). *14.* Le cœur droit recherche le discernement (αἴσθησις); la bouche ⟨des⟩ ignorants connaîtra les ⟨choses⟩ mauvaises; le cœur ⟨des⟩ insensés connaît les ⟨choses⟩ mauvaises. *15.* Les yeux des mauvais regardent (en direction) du mal, à tout instant; [91] les bons [(δέ)] se taisent à tout instant. *16.* Meilleur ⟨est⟩ un petit don dans la crainte du Seigneur, qu'(?)un grand trésor dans le manque de crainte. *17.* Meilleur ⟨est⟩ l'amour des étrangers, avec des légumes, au nom de (πρός) l'amitié, avec de la grâce (χάρις), plutôt que des bœufs repus, avec de l'inimitié. *18.* Un homme qui s'irrite prépare des rixes; le pondéré, lui, apaise celle qui s'annonce; *18a.* l'homme pondéré éteint les procès à venir; [92] [l'im]pie (ἀσεβής) (δέ) en suscite davantage. *19.* Les chemins ⟨des⟩ inactifs (ἀεργός) sont semés d'épines; ceux des courageux (δέ) ⟨sont⟩ frayés. *20.* Un fils sage (σοφός) réjouit (εὐφραίνειν) son père; un fils insensé ricane de sa mère. *21.* Douleur de l'insensé est celui qui manque d'instruction [3];

---

[1] Leçon A S, grec; P « de l'insensé ».
[2] Leçon A S, grec: P « seront pleins de » (lapsus).
[3] P est corrompu; A S « les chemins de l'insensé manquent de prudence ».

un homme prudent marche droit. *22.* Ceux qui n'honorent pas les assemblées, délaissent les conseils; le conseil reste dans le cœur de ceux qui pensent. *23.* *Le méchant ne l'écoutera pas* [1], il ne dit rien de bon ⟨à⟩ la foule (?) ... [.......

manque un folio

.... *29b.* ....] **[93]** pour que ses chemins soient rendus droits par le Seigneur. *30.* L'œil qui voit des ⟨choses⟩ bonnes, réjouit (εὐφραίνειν) le cœur; la bonne nouvelle anime les os. *32.* Qui délaisse l'instruction se hait lui-même; qui garde (δέ) les admonestations s'acquerra de la prudence. *33.* La crainte du Seigneur est instruction et sagesse (σοφία); le commencement (ἀρχή) de la gloire est prémices de la justice (δικαιοσύνη) de Dieu.

16, 2. Toutes les œuvres de qui est humilié **[94]** [sont révé]lées à Dieu; tous les impies (ἀσεβής) (δέ) seront détruits en un jour mauvais. *5.* Abomination devant Dieu est tout orgueilleux; qui cautionnera (δέ) quelqu'un iniquement n'échappera pas. *7.* Le commencement (ἀρχή) du chemin bon est de pratiquer la vérité; la justice (δικαιοσύνη) est préférable, devant Dieu, aux sacrifices (θυσία) des déréglés (ἄνομος). *8.* Qui recherche Dieu trouvera la connaissance dans la justice (δικαιοσύνη); ceux qui le recherchent (δέ) droitement trouveront **[95]** la paix (εἰρήνη). *9.* Toutes les œu[vres] de Dieu sont en justice (δικαιοσύνη), gardant (δέ) l'impie (ἀσεβής) pour un jour mauvais. *10.* C'est un oracle qui est sur les lèvres du roi; sa bouche ne se trompe (πλανᾶν) pas ⟨dans⟩ le jugement. *11. Poids de balance* [3] est la justice devant le Seigneur (κύριος); toute mesure (δέ) de sa main est sainte; mesures (δέ) véritables sont ses œuvres; le Seigneur (δέ) aime les paroles droites. *12.* Abomination des rois sont ceux qui font le mal; **[96]** [car (γάρ)] le trône (θρόνος) du prince (ἀρχή) est préparé dans la justice (δικαιοσύνη). *13.* Les considérations (δέ) vraies sont le choix du roi; il aime (δέ) les œuvres de vérité. *14.* Messager de mort est l'irritation du roi; l'homme (δέ) sage (σοφός) l'éteint. *15.* Vie est le visage du roi satisfait; il avantage (δέ) ceux avec qui il se réjouira, comme un nuage de fin ⟨de journée⟩. *16.* Les demeures de la sagesse (σοφία)

---

[1] Leçon A S; P « les méchants l'écoutent ».
[2] Leçon A S; P « inclinaison d'oreille » (lapsus).

sont préférables à l'or, et les demeures de l'intelligence à l'argent. [97] *17.* Le chemin de la vie est que tu te détournes du mal; longue (δέ) existence sont les chemins de la justice (δικαιοσύνη). Qui s'est préparé l'instruction sera dans les biens (ἀγαθόν); très prudent (δέ) est qui écoute les admonestations. Qui garde ses chemins, garde son âme (ψυχή); qui aime la vie épargnera sa bouche. *18.* L'arrogance marche au devant de la ruine; les pensées (δέ) mauvaises au devant de la chute. *19.* Meilleur ⟨est⟩ l'homme qui ne s'irrite pas, dans la justice (δικαιοσύνη) et l'humilité, [98] que qui partagera les [dépouilles] avec les arrogants. *20.* Trouveur de bonnes ⟨choses⟩ est l'intelligent ⟨en⟩ ses œuvres; qui a confiance (δε) dans le Seigneur sera bienheureux (μακάριος). *21.* On appelle encore les sages : prudents. *22.* Source (πηγή) de vie est la pensée pour ceux qui se la sont acquise; l'instruction (δέ) ⟨des⟩ insensés ⟨est⟩ mauvaise. *23.* Le cœur du prudent comprend (νοεῖν) ce qui sort de sa bouche; il portera (φορεῖν) (δέ) la connaissance sur ses lèvres. *24.* *Cire de miel* [1] sont les paroles de la sagesse (σοφία); à écouter (δέ), douces, et guérison de ⟨l'⟩âme (ψυχή). [99] *25.* Il y a des chemins dont l'homme pense qu'ils sont droits, dont la fin regarde vers le gouffre de l'Amenté. *26.* Un homme affermi ⟨se donne de la⟩ peine dans les peines; il combat violemment sa destruction; qui est perverti (δέ), lui, porte sa destruction sur sa bouche. *27.* L'homme insensé *creuse* [2] pour lui après des ⟨choses⟩ mauvaises; il amasse pour lui du feu sur ses lèvres. [100] *28.* [L']homme perverti [sus]cite la querelle, et il allume une flamme de fourberie ⟨pour⟩ les méchants, il divise les amis. *29.* Un homme transgresseur (παράνομος) *trompe* [3] ses amis; il les met sur des chemins ⟨qui ne sont⟩ pas bons. *30.* Qui affermit ses yeux pense des fourberies, et encore, il mord ses lèvres; celui ⟨qui est⟩ de cette sorte est une fournaise de méchanceté (κακία). *31.* Couronne de délices (τρυφή) est la vieillesse ⟨bonne⟩ [4]; [101] *on la trouve* [5] (δέ) sur les chemins de la justice (δικαιοσύνη). *32.* Mieux ⟨vaut⟩ un homme pondéré qu'un fort; mieux ⟨vaut⟩ celui qui maîtrisera sa colère (ὀργή), que qui prendra une ville (πόλις). *33.* Tous ceux qui font l'iniquité

---

[1] Leçon A S, grec; P « miel de cire » (texte bouleversé).
[2] Leçon A S, grec; P « demande, mendie » (variante, ou lapsus ?).
[3] Leçon A S; P « est esclave de » (lapsus).
[4] Leçon A S, grec, Vulg.; P omet (en fin de page ?).
[5] Leçon A S, grec; P « si on la trouve » (lapsus ou remaniement).

seront rétribués de ⟨leurs⟩ iniquités dans leur sein; ce qui est juste sera donné (δέ) à chacun de la part de Dieu.

17, *1.* Mieux ⟨vaut⟩ un pain dans la paix (εἰρήνη), qu'une maison remplie de ⟨bétail⟩ égorgé, dans l'iniquité. *2.* Un esclave prudent maîtrise des seigneurs insensés; [102] il lègue (δέ) des parts aux frères. *3.* Comme on éprouve (δοκιμάζειν) l'or et l'argent dans le feu, ainsi Dieu choisira les cœurs des hommes. *4.* Les mauvais écoutent la langue des trangresseurs (παράνομος); le juste (δίκαιος) (δέ) ne prête pas son attention aux lèvres de mensonge. *6a.* Au fidèle (πιστόν), tout l'ornement (κόσμος) des biens (χρῆμα); l'infidèle (ἄπιστον) n'a pas ⟨même⟩ la possession d'une obole (ὀβολός). *5.* Qui se moque d'un pauvre [103] provoque celui qui l'a créé; qui se réjouit à propos de qui périra, n'échappera pas au mal. *6.* La couronne des vieillards sont les fils des fils; la gloire des fils sont leurs pères. *7.* Des lèvres ⟨en qui l'on peut avoir⟩ confiance ne conviennent pas aux insensés; ni (οὐδέ) des lèvres de mensonge ne peuvent convenir [1] aux justes (δίκαιος). *8.* Salaire de grâce est l'instruction à ceux qui la pratiquent; le lieu vers lequel elle se tournera sera droit. *9.* Qui cache des iniquités recherche l'amitié; [104] [qui] hait de les cacher [di]visera les amis et les *intimes* [2]. *10.* La fureur ruine le cœur du prudent; on fouette (μαστιγοῦν) l'insensé : il ne sent (αἰσθάνεσθαι) pas. *11.* Tous les mauvais suscitent des controverses; Dieu leur enverra un ange (ἄγγελος) impitoyable. *12.* Le souci touchera un homme prudent; les insensés (δέ) pensent aux ⟨choses⟩ mauvaises. *13.* Qui donnera des ⟨choses⟩ mauvaises au lieu de bonnes, le mal ne bougera pas de sa maison. *14.* Le commencement (ἀρχή) de la justice (δικαιοσύνη) [105] donne le pouvoir (ἐξουσία); le bouleverse⟨ment⟩ (δέ) et la rixe marchent dans la disette. *15.* Qui jugera (κρίνειν) (δέ) le juste (δίκαιος) comme injuste (ἄδικος) ⟨et l'injuste (ἄδικος) *comme juste* (δίκαιος)⟩ [3] sont abominables tous deux devant le Seigneur. *16.* Pourquoi les insensés auraient-ils des biens (χρῆμα)? car (γάρ) l'insensé n'a pas la force d'acquérir la sagesse (σοφία). *16a.* Qui élève sa maison recherche la ruine; qui est pervers (δέ) à s'instruire tombera dans les maux. *17.* Que ton ami soit à toi en tous lieux, [106] [que] tes frères te soient utiles dans les nécessités (ἀνάγκη): car (γάρ) on les acquiert

---

[1] « Ne peuvent convenir », addition de la seconde main.
[2] Leçon A S. grec: P « les intelligents » (lapsus. ou variante ?)
[3] Leçon A S. grec: P omission par haplographie.

dans ce but. *18.* L'homme insensé *applaudit* [1], il se réjouit lui-même, cautionnant par une caution ses amis; le prudent (δέ) s'éloigne des cautionnements. *19.* Celui qui aime le péché se réjouit dans les rixes, *20.* et le cœur dur ne rencontre⟨ra⟩ pas le bien; l'homme versatile en sa parole tombera dans les maux. *21.* Douleur (δέ) de cœur est le cœur insensé pour qui **[107]** en possédera un; un père ne se réjoui[ra] (εὐφραίνειν) pas au sujet d'un fils ignorant. *22.* Le cœur (δέ) de ceux qui se réjouissent (εὐφραίνειν) leur donne du repos; les os de l'(homme) triste (λύπη) sécheront. *23.* L'impie (ἀσεβής) (δέ) qui reçoit ⟨un⟩ cadeau (δῶρον) en son sein se détournera du chemin des justes (δίκαιος). *24.* Sage (σοφός) est le visage de l'homme prudent; les yeux de l'insensé se porteront (δέ) vers la terre. *25.* Colère (ὀργή) du père est le fils insensé; douleur est-il encore à celle qui l'a enfanté. **[108]** *26.* Il n'est pas [bon] que l'homme jus[te] (δίκαιος) soit châtié, ni (οὐδέ) licite non plus de comploter (ἐπιβουλεύειν) contre des princes (δυνάστης) justes (δίκαιος). *27.* Prudent est qui évitera d'adresser une parole dure; prudent (δέ) est l'homme pondéré; {on le lui comptera comme sagesse (σοφία);} [2] *28.* on comptera même comme sagesse (σοφία) à l'insensé de rechercher la (sagesse); qu'il se tienne bouche-close, tu trouveras la chose comme (le fait d') un (homme) prudent.

18, *1.* L'homme qui veut se séparer de ses amis recherche des prétextes; [.......

manque un folio

..... *9.*] **[109]** comme (?) sagesse (σοφία) [3]. *10.* Le nom du Seign[eur] se révèle dans la gran[deur] de sa force; les justes (δίκαιος) seront élevés en courant à ses pieds. *11.* Possession de richesse pour l'homme est une ville (πόλις) forte; sa gloire (δέ) ombrage considérablement. *12.* Le cœur de l'homme s'élève, pour la ruine; il s'humilie, pour *la gloire* [4]. *13.* Qui parlera avant d'écouter, le manque de sens est à lui, avec l'opprobre. *14.* Un bon esclave guérit l'irritation; **[110]** qui sera capable de supporter un homme pusillanime? *15.* Le cœur du prudent possédera le discernement

---

[1] Leçon A S, grec; P « la trouve » (?).
[2] Dittographie du verset suivant.
[3] Cette fin de verset est sans correspondant dans les autres témoins.
[4] Leçon A S, grec; P « pour le mal » (lapsus).

(αἴσθησις); l'oreille (δέ) des sages (σοφός) recherche la réflexion.
16. Les honneurs de l'homme lui facilitent ⟨les choses⟩, et ils le
réunissent (συνιστάναι) aux grands. *17.* Le juste (δίκαιος) s'accuse
(κατηγορεῖν) lui-même, en parlant le premier; on admonestera (δέ)
son adversaire qui s'en prendra à lui. *18.* Le sort (κλῆρος) guérit
les controverses; il départage les grands. *19.* Un frère secouru
(βοηθεῖν) par un frère **[111]** est comme une ville (πόλις) [forte]
et élevée; il est puissant (δέ) comme un royaume *affermi* 1.
20. L'homme remplira son ventre des fruits (καρπός) de sa bouche;
il se rassasiera (δέ) des fruits (καρπός) de ses lèvres. *21.* La mort
et la vie sont au pouvoir de la langue; qui la maîtrise (δέ) mangera
son fruit (καρπός). *22.* Qui a trouvé une femme bonne a trouvé une
grâce; il a reçu (δέ) un ⟨sujet de⟩ contentement de la part de Dieu.
22a. Qui rejettera une femme bonne, a rejeté des biens (ἀγαθόν);
[112] [Qui] s'attardera (δέ) avec une femme adultère est un insensé
et un ⟨homme d'⟩aberration.

19, *3.* Le manque de sens de l'homme détruit ses chemins; il
critique (δέ) Dieu en son cœur. *4.* La richesse possède beaucoup
d'amis; le pauvre, ⟨lui⟩-même, se sépare de son dernier. *5.* Un
faux témoin n'échappera pas; qui revendique (ἐγκαλεῖν) iniquement
ne sera pas sauvé. *6.* Nombreux (δέ) sont ceux qui servent en face
des rois; tous les mauvais (δέ) *seront une injure pour l'homme* 2.
[113] *7.* La pensée bonne s'approche de ceux qui la connaissent;
l'homme (δέ) impie (ἀσεβής) ne la trouvera pas 3. Quiconque (δέ)
haïra un frère pauvre s'éloignera encore de l'amitié; *qui fait
beaucoup* de mal *parfera une* méchanceté (κακία) 4; qui est piquant
dans ses paroles ne sera pas sauf. *8.* Qui s'acquiert (la possession de)
l'intelligence s'aime lui-même; qui garde la prudence trouvera
de bonnes ⟨choses⟩. *9.* Qui allumera la méchanceté (κακία) (δέ)
sera détruit. *10.* Les choses droites ne sont pas un avantage pour
l'insensé, (et) qu'un esclave soit seigneur de son seigneur avec
arrogance 5. **[114]** *11.* L'homme charitable est pondéré; sa louange
(δέ) surpasse les transgresseurs (παράνομος). *12.* La menace

---

1 Leçon A S, grec; P « juré » (lapsus).
2 Traduit d'après A S, et le grec; P est susceptible de plusieurs traductions
matérielles dont aucune ne nous paraît offrir un sens (détruiront/seront
détruits — dans un jour — la (cette) compagne/de la compagne ?).
3 A S, grec « l'homme prudent la trouvera ».
4 Leçon A S, grec; P « qui est esclave du mal sera parfait en méchanceté ».
5 A S, grec sont partiellement différents.

(ἀπειλή) d'un roi est comme le rugissement ⟨du⟩ lion; sa satisfaction est comme la rosée sur l'herbe (χόρτος). *13.* Honte d'un père est un fils insensé; bons ne ⟨sont⟩ pas les vœux ⟨provenant⟩ du salaire d'une courtisane (ἑταίρα). *14.* Les pères partagent maison et affaires entre les enfants; ⟨si⟩ l'homme se joint à une femme, ⟨c'est⟩ de par Dieu. *15.* La faiblesse saisit le lâche; [115] l'âme (ψυχή)(δέ) de l'inactif (ἀεργός) sera [affamée]. *16.* Qui garde le commandement (ἐντολή) garde son âme (ψυχή); qui méprisera (καταφρονεῖν) (δέ) ses chemins mourra. *17.* Qui a pitié des pauvres prête à Dieu; il lui reviendra (δέ) selon (κατά) son prêt; car (γάρ) chacun recevra selon (κατά) ses œuvres. *18.* Instruis ton fils . car (γάρ) il s'accroîtra de cette manière; ne t'élève pas dans ton cœur, parce que c'est de l'arrogance. *19.* Qui pense au mal sera châtié grandement; s'il souille, il mangera [1] son cœur. [116] *20.* [Écou]te, mon fils, l'instruction de ton père, [pour] que tu sois sage (σοφός) dans ta fin. *21.* Il y a une quantité de pensées dans le cœur de l'homme; le conseil (δέ) *du Seigneur* [2] est ⟨celui⟩ qui est ferme. *22.* Le fruit (καρπός) de l'homme est la piété; mieux ⟨vaut⟩ un pauvre juste (δίκαιος) qu'un riche menteur. *23.* La crainte du Seigneur travaille pour la vie; {qui s'égare (πλανᾶν) (δέ) sera dans des lieux} [3]; qui s'égare (πλάνη) (δέ) sera dans des lieux : au lieu où ils ne sont pas visités [4], éternellement. [117] *24.* Qui replie ses mains vers son sein, iniquement, ne les portera plus à sa bouche. *25.* Dans les peines, l'insensé *s'endurcit* [5] davantage; si tu admonestes (δέ) un homme prudent, il comprendra (νοεῖν) le discernement (αἴσθησις). *26.* Le fils qui ⟨traite avec⟩ mépris son père et délaisse [6] sa mère, sera en opprobre, et il aura honte. *27.* Le fils qui délaisse son père, se garde des maux; il prononcera (μελετᾶν) des paroles exécrables. [118] *28.* [Qui] cautionne un esclave insensé ⟨fait⟩ injure à la loi (νόμος); la bouche des impies (ἀσεβής) avalera des injures. *29.* On prépare des fouets (μαστιγοῦν ou μάστιξ) pour les intraitables; et il y a des douleurs dans les maisons ⟨des⟩ insensés.

[1] Savoir : il se repentira; A S ont un verbe, différant de celui de P par une seule lettre, et qui correspond au grec, dont nous ne voyons pas bien le sens; l'hébreu est « très incertain », note la Bible de Jérusalem; Vulg. a autre chose encore, et le syriaque aussi !

[2] Leçon A S, grec, Vulg.; P « qui est honorable » (lapsus probable).

[3] Dittographie.

[4] Remaniement ? A S « qui ne craint pas sera en des lieux où il ne sera pas digne d'être visité ».

[5] Leçon A S; P « s'examine » (lapsus).

[6] P omet « de garder l'instruction de » (une ligne passée ?).

20, *1.* Intraitable est le vin, et insultante est l'ivresse; quiconque (δέ) s'y *salit* [1] ne sera pas sans péché. *2.* La menace d'un roi ne diffère pas de l'irritation d'un lion; qui se moque (δέ) de lui et se mêle à lui pèche envers sa propre âme (ψυχή). **[119]** *3.* La gloire de l'homme est de se détourner des malédictions; tous les insensés (δέ) s'y empêtrent. *4.* Le paresseux n'a pas honte ⟨quand⟩ on lui fait opprobre : comme celui qui emprunte du blé pour moitié [2] dans l'été. *5.* Eau *profonde* [3] est *le conseil* [4] dans le cœur de l'homme; l'homme (δέ) sage (σοφός) la puisera. *6.* Grand est l'homme, et l'homme charitable est honoré; c'est *une œuvre* [5] de trouver un homme fidèle (πιστός). **[120]** *7.* Qui marche (δέ), saint, dans la justice (δικαιοσύνη), laissera ses fils bienheureux (μακάριος). *8.* Si un roi juste (δίκαιος) s'assied sur un trône (θρόνος), *aucun* mauvais *ne* va [6] au-devant de lui. *9.* Qui pourra se vanter de ce que son cœur est saint? ou qui pourra être en assurance (παρρησία), disant : ,, Je suis saint de péché '' ? *9a.* La lumière ta[rira] auprès de celui qui produit [du] mal à(près) son père [et] sa mère; les prunelles (δέ) de [ses] yeux verront l'obscurité. [.......

manque un folio

.... *25.*] **[121]** car (γάρ) après qu'il a fait un vœu, [il] arrive encore qu'il se ravise. *26.* Vannage [7] des impies (ἀσεβής) est un roi sage (σοφός); il apporte sur eux une quantité de maux. {*28.* Les aumônes et la foi (πίστις) sont les gardes d'un roi; justes (δίκαιος) sont ceux qui entoureront son trône (θρόνος) [8].} *27.* La lumière de Dieu est le souffle (πνοή) des hommes, qui examine les cavités (ταμιεῖον) du ventre. *28.* Les aumônes et la vérité sont la garde d'un roi; et la justice (δικαιοσύνη) entourera son trône (θρόνος). **[122]** *29.* L'ornement (κόσμος) des adolescents est la sagesse (σοφία); la gloire (δέ) des vieillards est la connaissance. *30.* Meurtrissures [9] et ruines rencontreront les mauvais; *plaies* (π⟨λ⟩ηγή) [10] sont les cavités (ταμιεῖον) de leurs ventres.

[1] Leçon A S, grec; P « s'y adonne » ? (lapsus).
[2] Savoir : avec un intérêt de cinquante pour cent.
[3] Leçon A S, grec; P « déserte » (lapsus).
[4] Leçon A S, grec; P « la parole » (lapsus).
[5] Leçon A S, grec; P « beaucoup », « davantage » (lapsus, ou variante ?).
[6] Leçon A S, grec; P : « tout mauvais va » (contresens par lapsus).
[7] A S, grec « vanneur », « batteur ».
[8] Doublet, hors place, du verset 28. Voir également S.
[9] Voir p. 16 note 2.
[10] Leçon A S, grec; P « sources » (lapsus par omission d'une lettre).

21, *1*. Comme *le jaillissement* de l'eau [1], ⟨ainsi⟩ est le cœur du roi dans la main de Dieu, et il s'incline vers le lieu dont il a envie. *2*. Tout homme est irréprochable pour lui-même; c'est Dieu qui connaît les cœurs. *3*. Bon ⟨est⟩ de pratiquer la vérité et de dire la vérité, devant Dieu, plus que le sang de sacrifices (θυσία). [**123**] *4*. L'homme qui s'enorgueillit de l'arrogance est un cœur dur.

---

[1] Leçon A S, grec; P « comme la lumière et l'eau » (mots mal coupés et mal compris).